D1880633

यहाँ से देखो

केदारनाथ सिंह

राधाकृष्ण प्रकाशन

ISBN : 978-81-7119-506-0

यहाँ से देखो

© सुनील कुमार सिंह

पहला संस्करण : 1983
छठा संस्करण : 2019

मूल्य : ₹250

प्रकाशक
राधाकृष्ण प्रकाशन प्राइवेट लिमिटेड
जी-17, जगतपुरी, दिल्ली-110 051

शाखाएँ : अशोक राजपथ, साइंस कॉलेज के सामने, पटना-800 006
पहली मंजिल, दरबारी बिल्डिंग, महात्मा गांधी मार्ग, इलाहाबाद-211 001
36 ए, शेक्सपियर सरणी, कोलकाता-700 017

वेबसाइट : www.radhakrishnaprakashan.com
ई-मेल : info@radhakrishnaprakashan.com

मुद्रक
बी.के. ऑफसेट
नवीन शाहदरा, दिल्ली-110 032

YAHAAN SE DEKHO
Poems by Kedar Nath Singh

इस पुस्तक के सर्वाधिकार सुरक्षित हैं। प्रकाशक की लिखित अनुमति के बिना इसके किसी भी अंश को, फोटोकॉपी एवं रिकॉर्डिंग सहित इलेक्ट्रॉनिक अथवा मशीनी, किसी भी माध्यम से, अथवा ज्ञान के संग्रहण एवं पुनःप्रयोग की प्रणाली द्वारा, किसी भी रूप में, पुनरुत्पादित अथवा संचारित-प्रसारित नहीं किया जा सकता।

कैलाशपति निषाद के लिए

विज्ञप्ति

'यहाँ से देखो' के इस संस्करण में तीन कविताएँ ('झरबेर' 'बुद्ध के बारे में सोचना' और 'संयोग') और जोड़ दी गयी हैं, जो किन्हीं कारणों से पहले संस्करण में नहीं दी जा सकी थीं।

—केदारनाथ सिंह

तीसरे संस्करण के बारे में

'यहाँ से देखो' का यह तीसरा संस्करण प्रकाशित हो रहा है, जो दूसरे संस्करण का ही अविकल रूप में पुनर्मुद्रण है । इस समय इतना ही ।

—केदारनाथ सिंह

क्रम

कविता क्या है

कविता क्या है
हाथ की तरफ़
उठा हुआ हाथ
देह की तरफ़
झुकी हुई आत्मा
मृत्यु की तरफ़
घूरती हुई आँखें
क्या है कविता
कोई हमला
हमले के बाद पैरों को खोजते
लहूलुहान जूते
नायक की चुप्पी
विदूषक की चीख़
बालों के गिरने पर
नाई की चिन्ता
एक पत्ती के टूटने पर
राष्ट्र का शोक
आख़िर क्या है
क्या है कविता ?
मैंने जब भी सोचा

मुझे रामचन्द्र शुक्ल की मूँछें याद आयीं
मूँछों में दबी बारीक-सी हँसी
हँसी के पीछे कविता का राज़
कविता के राज़ पर
हँसती हुई मूँछें !

□

एक ठेठ देहाती कार्यकर्ता के प्रति

वक़्त-बेवक्त
वह साइकिल दनदनाता हुआ चला आता है
कई बार मैं झुँझला उठता हूँ
उसके इस तरह आने पर
उसके सवालों और उसके तम्बाकू पर
तिलमिला उठता हूँ मैं
मैं बेहद परेशान हो जाता हूँ
उसकी ग़लत-सलत भाषा
उसके शब्दों से गिरती धूल
और उसके उन बालों पर
जो उसके माथे से पूरी तरह उड़ गये हैं

कई बार
उसकी भूकम्प-सी चुप्पी
मुझे अस्तव्यस्त कर देती है

उसकी साइकिल में हवा
हमेशा कम होती है
हमेशा उसकी बग़ल में होता है
एक और कोई चेहरा
जिसे थाने पर बुलाया गया है

मुझे थाने से चिढ़ है
मैं थाने की धज्जियाँ उड़ाता हूँ
मैं उस तरफ़ इशारा करता हूँ
जिधर थाना नहीं है
जिधर पुलिस कभी नहीं जाती
मैं उस तरफ़ इशारा करता हूँ

वह धीरे से हँसता है
और मेरी मेज़ हिलने लगती है
मेरी मेज़ पर रखी किताबें
हिलने लगती हैं
मेरे सारे शब्द और अक्षर
हिलने लगते हैं

मैं उसे रोकता नहीं
न कहता हूँ कल परसों
दोपहर
शाम

वह उठता है
और दरवाज़ों को ठेलकर
चला जाता है बाहर

मेरी उम्मीद
उसका पीछा नहीं करती
सिर्फ़ कुछ देर तक
चील की तरह हवा में मँडराती है
और झपट्टा मारकर
ठीक उसी जगह बैठ जाती है
जहाँ से वह चला गया था

□

टूटा हुआ ट्रक

मैं पिछली बरसात से उसे देख रहा हूँ
वह वहाँ उसी तरह खड़ा है
टूटा हुआ और हैरान
और अब उससे अँखुए फूट रहे हैं

मैं देख रहा हूँ
एक छोटी-सी लतर
स्टीयरिंग की ओर बढ़ी जा रही है
एक ज़रा-सी पत्ती
भोंपू के पास झुकी है
जैसे उसे बजाना चाहती हो
एक बहुत महीन और बेआवाज़-सी ठोंक-पीट
लगातार जारी है समूचे ट्रक में
कोई नट खोला जा रहा है
कोई तार कसा जा रहा है
टूटा हुआ ट्रक
पूरी तरह सौंप दिया गया है
घास के हाथों में
और घास परेशान है
पहिये बदलने के लिए

मेरे लिए यह सोचना कितना सुखद है
कि कल सुबह तक सब ठीक हो जायेगा
मैं उठूँगा
और अचानक सुनूँगा भोंपू की आवाज़
और घरघराता हुआ ट्रक चल देगा
तिनसुकिया या बोकाजान........

शाम हो रही है
टूटा हुआ ट्रक उसी तरह खड़ा है
और मुझे घूर रहा है

मैं सोचता हूँ
अगर इस समय वो वहाँ न होता
तो मेरे लिए कितना मुश्किल था पहचानना
कि यह मेरा शहर है
और ये मेरे लोग
और वो.... वो
मेरा घर

□

दो मिनट का मौन

भाइयो और बहनो
यह दिन डूब रहा है
इस डूबते हुए दिन पर
दो मिनट का मौन

जाते हुए पक्षी पर
रुके हुए जल पर
घिरती हुई रात पर
दो मिनट का मौन

जो है उस पर
जो नहीं है उस पर
जो हो सकता था उस पर
दो मिनट का मौन

गिरे हुए छिलके पर
टूटी हुई घास पर
हर योजना पर
हर विकास पर
दो मिनट का मौन

इस महान् शताब्दी पर

महान् शताब्दी के
महान् इरादों पर
महान् शब्दों पर
और महान् वादों पर
दो मिनट का मौन

भाइयो और बहनो
इस महान् विशेषण पर
दो मिनट का मौन

□

पानी में घिरे हुए लोग

पानी में घिरे हुए लोग
प्रार्थना नहीं करते
वे पूरे विश्वास से देखते हैं पानी को
और एक दिन
बिना किसी सूचना के
खच्चर बैल या भैंस की पीठ पर
घर-असबाब लादकर
चल देते हैं कहीं और

यह कितना अद्‌भुत है
कि बाढ़ चाहे जितनी भयानक हो
उन्हें पानी में
थोड़ी-सी धूप
थोड़ा-सा आसमान

फिर वे गाड़ देते हैं खम्भे
तान देते हैं बोरे
उलझा देते हैं मूँज की रस्सियाँ और टाट

पानी में घिरे हुए लोग
अपने साथ ले आते हैं पुआल की गन्ध

वे ले आते हैं आम की गुठलियाँ
खाली टिन
भुने हुए चने
वे ले आते हैं चिलम और आग

फिर बह जाते हैं उनके मवेशी
उनकी पूजा की घंटी बह जाती है
बह जाती है महावीर जी की आदमक़द मूर्ति
घरों की कच्ची दीवारें
दीवारों पर बने हुए हाथी-घोड़े
फूल-पत्ते
पाट-पटोरे
सब बह जाते हैं

मगर पानी में घिरे हुए लोग
शिकायत नहीं करते
वे हर क़ीमत पर अपनी चिलम के छेद में
कहीं-न-कहीं बचा रखते हैं
थोड़ी-सी आग

फिर डूब जाता है सूरज
कहीं से आती हैं
पानी पर तैरती हुई
लोगों के बोलने की तेज आवाजें
कहीं से उठता है धुआँ
पेड़ों पर मँडराता हुआ
और पानी में घिरे हुए लोग
हो जाते हैं बेचैन

वे जला देते हैं
एक टुटही लालटेन

टाँग देते हैं किसी ऊँचे बाँस पर
ताकि उनके होने की ख़बर
पानी के पार तक पहुँचती रहे

फिर उस मद्धिम रोशनी में
पानी की आँखों में
आँखें डाले हुए
वे रात-भर खड़े रहते हैं
पानी के सामने
पानी की तरफ़
पानी के ख़िलाफ़

सिर्फ़ उनके अन्दर
अरार की तरह
हर बार कुछ टूटता है
हर बार पानी में कुछ गिरता है
छपाक्...छपाक्...

□

बनारस

इस शहर में बसन्त
अचानक आता है
जब आता है तो मैंने देखा है
लहरतारा या मड़वाडीह की तरफ़ से
उठता है धूल का एक बवंडर
और इस महान् पुराने शहर की जीभ
किरकिराने लगती है

जो है, वह सुगबुगाता है
जो नहीं है, वह फेंकने लगता है पचखियाँ
आदमी दशाश्वमेध पर जाता है
और पाता है घाट का आख़िरी पत्थर
कुछ और मुलायम हो गया है
सीढ़ियों पर बैठे बन्दरों की आँखों में
एक अजीब-सी नमी है
और एक अजीब-सी चमक से भर उठा है
भिखारियों के कटोरों का ख़ालीपन

तुमने कभी देखा है
ख़ाली कटोरों में बसन्त का उतरना !
यह शहर इसी तरह खुलता है

इसी तरह भरता
और ख़ाली होता है, यह शहर
इसी तरह रोज़-रोज़ एक अनन्त शव
ले जाते हैं कंधे
अँधेरी गली से
चमकती हुई गंगा की तरफ़

इस शहर में धूल
धीरे-धीरे उड़ती है
धीरे-धीरे चलते हैं लोग
धीरे-धीरे बजते हैं घंटे
शाम धीरे-धीरे होती है

यह धीरे-धीरे होना
धीरे-धीरे होने की एक सामूहिक लय
दृढ़ता से बाँधे है समूचे शहर को
इस तरह कि कुछ भी गिरता नहीं है
कि हिलता नहीं है कुछ भी
कि जो चीज़ जहाँ थी
वहीं पर रखी है
कि पानी वहीं है
कि वहीं पर बँधी है नाव
कि वहीं पर रखी है तुलसीदास की खड़ाऊँ
सैकड़ों बरस से -

कभी सई-साँझ
बिना किसी सूचना के
घुस जाओ इस शहर में
कभी आरती के आलोक में
इसे अचानक देखो
अद्‌भुत है इसकी बनावट

यह आधा जल में है
आधा मंत्र में
आधा फूल में है
आधा शव में
आधा नींद में है
आधा शंख में
अगर ध्यान से देखो
तो यह आधा है
और आधा नहीं है

जो है वह खड़ा है
बिना किसी स्तम्भ के
जो नहीं है उसे थामे हैं
राख और रोशनी के ऊँचे-ऊँचे स्तम्भ
आग के स्तम्भ
और पानी के स्तम्भ
धुएँ के
खुशबू के
आदमी के उठे हुए हाथों के स्तम्भ

किसी अलक्षित सूर्य को
देता हुआ अर्घ्य
शताब्दियों से इसी तरह
गंगा के जल में
अपनी एक टाँग पर खड़ा है यह शहर
अपनी दूसरी टाँग से
बिलकुल बेख़बर

□

बसन्त

और बसन्त फिर आ रहा है
शाकुन्तल का एक पन्ना
मेरी आलमारी से निकलकर
हवा में फरफरा रहा है
फरफरा रहा है कि मैं उठूँ
और आसपास फैली हुई चीजों के कानों में
कह दूँ 'ना'
एक दृढ़
और छोटी-सी 'ना'
जो सारी आवाजों के विरुद्ध
मेरी छाती में सुरक्षित है

मैं उठता हूँ
दरवाजे तक जाता हूँ
शहर को देखता हूँ
हिलाता हूँ हाथ
और ज़ोर से चिल्लाता हूँ
ना-ना-ना...

मैं हैरान हूँ

मैंने कितने बरस गँवा दिये
पटरी से चलते हुए
और दुनिया से कहते हुए
हाँ-हाँ-हाँ...

□

पृथ्वी रहेगी

मुझे विश्वास है
यह पृथ्वी
यदि और कहीं नहीं तो मेरी हड्डियों में
यह रहेगी जैसे पेड़ के तने में
रहते हैं दीमक
जैसे दाने में रह लेता है घुन
यह रहेगी प्रलय के बाद भी मेरे अन्दर
यदि और कहीं नहीं तो मेरी ज़बान
और मेरी नश्वरता में
यह रहेगी

और एक सुबह मैं उठूँगा
मैं उठूँगा पृथ्वी-समेत
जल और कच्छप-समेत मैं उठूँगा
मैं उठूँगा और चल दूँगा उससे मिलने
जिससे वादा है
कि मिलूँगा

नक़्शा

मैं बाज़ार गया
मैनें बाज़ार में ख़रीदा एक नक़्शा
नक़्शे में बहुत-कुछ था
जिसे मैं जानता नहीं था

मैं जानता नहीं था
इसलिए नक़्शे को ले आया घर
टाँग दिया दीवार पर

अब दीवार भरी-पूरी लग रही थी
जैसे नक़्शा पृथ्वी को ले आया हो
मेरे घर में

मैं खुश था नक़्शे में
क्योंकि वहाँ इतनी जगह थी
इतनी सारी जगह
कि मैं उसमें सदियों तक रह सकता था
अपने पूरे कुनबे के साथ
मुझे आश्चर्य हुआ
मैं इतने दिनों तक
बिना किसी नक़्शे के जीता रहा

पृथ्वी पर
फिर नक्शा जैसे कोई क़िला हो
मैं उसमें घुसा
एक किसान का बेटा मैं
सुबह से शाम तक
भटकता रहा नक़्शे में
मैं वहाँ घूमा गड़ेरियों के पीछे-पीछे
और नदियों की याददाश्त में
मैं वहाँ लेटा रहा
अराराट के पत्थरों पर
और युद्ध के मैदानों में
मैंने वहाँ बहुत-कुछ...बहुत-कुछ देखा
पर नक़्शे में
अपनी दीवार पर टँगे हुए
दुनिया के उस महान् नक्शे में
मुझे नहीं मिला...
नहीं मिला अपना घर

नक़्शे में कोई राजा नहीं था
पर क़ानून था
नक़्शे में

□

क़स्बे की धूल

दिन की आख़िरी बस जा रही है
क़स्बे में भर गयी है धूल
एक बेहद चिकनी और गाढ़ी धूल
जिसे मैं जानता हूँ

मैं जानता हूँ क्योंकि यह धूल
इस क़स्बे की
और मेरे पूरे देश की
सबसे ज़िन्दा और ख़ूबसूरत चीज़ है
सबसे बेचैन
सबसे सक्रिय
पृथ्वी की सबसे ताज़ा
और प्राचीनतम धूल
जो यहाँ दिन-भर
आदमी के साथ-साथ
धुनती है रूई
बनाती है गारा
गरमाती है पानी
गूँथती है आटा
चराती है बकरियाँ...

सचाई यह है कि इस सारे माहौल में
सिर्फ़ यह धूल है
सिर्फ़ इस धूल का लगातार उड़ना
जो मेरे यक़ीन को अब भी बचाये हुए है
नमक में
और पानी में
और पृथ्वी के भविष्य में
और दन्तकथाओं में

□

जानवर

तुमने कभी देखी है
जानवर की चाल की गरिमा
अगर नहीं तो मेरे पास आओ
और यहाँ से देखो
वहाँ भरी दोपहरी में
झड़ते हुए पत्तों के नीचे
चला जा रहा है एक जानवर

यह उसके चलने की आवाज़ है
जो पत्तों में
पीतल की तरह बज रही है

देखो-देखो
उसके पुट्ठे दिखायी पड़ रहे हैं
शायद कान
शायद गर्दन
शायद गर्दन के पास की धारियाँ
शायद कुछ नहीं
महज एक हिंस्र चमक
जो पत्तों की रगड़ से पैदा हो रही है
मैं उसे जानवर की आँख कहूँगा

जुम चाहो तो पत्तों के बीच से
हवा का गुज़रना कह सकते हो

तुम क्या करते हो
अपने अकेलेपन का ?
जानवर उससे खेलता है
देखो-देखो कितनी शान से
अपने अकेलेपन को चीरता-फ़ाड़ता
चला जा रहा है जानवर
वहाँ अकेलापन
एक जबड़ा है
मसूढ़ा और दाँत हैं अकेलापन
अकेलापन उसके पुट्ठों में
गर्म ख़ून की तरह भरा है

अपनी ऊब
और आज़ादी से बेख़बर
चला जा रहा है जानवर
और भरी दोपहरी में
एक समूची गरिमा
झड़ते हुए पत्तों के नीचे
तहस-नहस हो रही है

□

सीटी

नींद किन पहाड़ों से आती है
क्या उसके डैने होते हैं
क्या हर शहर में
एक ही समय आती है नींद
सूरज डूबने के कितनी देर बाद
झँपने लगती हैं
एक थके हुए आदमी की पलकें
बिस्तर पर जाने के कितने समय बाद
उचट जाती है
एक भरे-पूरे आदमी की नींद

शायद तीन बज रहे हैं
सुनो-सुनो
कोई सीटी बजा रहा है
क्या नींद कोई सीटी है
घरों की ईंट
और पलस्तर में दबी हुई
सुनो-सुनो
ज़रूर कोई सीटी बजा रहा है
'पहरेवाला होगा'—

मैं खुद से कहता हूँ
और करवट बदल लेता हूँ
मैं बन्द करता हूँ आँखें
कि मुझे बाहर सुनायी पड़ती है
फिर वही सीटी
जिसके जवाब में बज उठती है
कहीं कोई दूसरी
किसी दूसरी दिशा में
जैसे अँधेरे में
मशाल से मशाल
जलायी जा रही हो

मगर तीन बजे रात में
क्यों सीटी
और किसके लिए

क्या तीन बजे रात में
लोग सोते रहें
लोगों की नींद में आते रहें सपने
इसके लिए सीटी का बजना
ज़रूरी है

जो ज़रूरी है
उसकी एक अनन्त सूची
रखी है मेरे सिरहाने
क्या मैं उठूँ !
और उसे ज़ोर-ज़ोर से पढ़ना शुरू करूँ
तीन बजे रात में
मगर तीन बजे रात में
क्यों-क्यों
ऐसा क्यों है

कि जब सारा शहर सो रहा है
तो एक अकेला आदमी
सबकी नींद की हिफ़ाज़त में
सड़कों पर
गलियों में
सीटी बजाता है

उसके जागते रहने
और हमारे सो जाने के बीच
यह कौन-सा नाता है ?

□

कीड़े की मृत्यु

मरा पड़ा है कीड़ा
उसको देख पड़ा यों गुमसुम
क्यों होती है पीड़ा
क्यों मैं ठिठक गया हूँ
क्यों मैं खोज रहा हूँ उसमें तड़पन
कोई हरकत
क्यों मुझको लगता है उसका होना
बहुत ज़रूरी था
क्या हो जाता
उस होने से ?
क्या लेबनान में जो कुछ घटित हुआ है
वह रुक जाता ?

कीड़े तो मरते रहते हैं
हर पल
हर क्षण
दुनिया को कुछ और साफ़-सुन्दर करने को
मर जाते हैं कीड़े
मरना उनका
सुन्दरता के हित में है
फिर क्यों होती है पीड़ा

जबकि सामने बिना चीख़ के
मरा पड़ा है कीड़ा

क्यों मैं चाह रहा हूँ
वह कुछ हिले
रेंगना फिर से शुरू करे वह
क्यों मैं रुका हुआ हूँ ?

कितनी देर
एक कीड़े के मृत्यु-शोक में
मौन खड़ा रहना होता है
मानव को !

□

शहर में रात

बिजली चमकी, पानी गिरने का डर है
वे क्यों भागे जाते हैं जिनके घर है
वे क्यों चुप हैं जिनको आती है भाषा
वह क्या है जो दिखता है धुआँ-धुआँ-सा
वह क्या है हरा-हरा-सा जिसके आगे
हैं उलझ गये जीने के सारे धागे
यह शहर कि जिसमें रहती हैं इच्छाएँ
कुत्ते-भुनगे-आदमी-गिलहरी-गाएँ
यह शहर कि जिसकी ज़िद है सीधी-सादी
ज्यादा-से-ज्यादा सुविधा सुख आजादी
तुम कभी देखना इसे सुलगते क्षण में
यह अलग-अलग दिखता है हर दर्पण में
साथियों, रात आयी, अब मैं जाता हूँ
इस आने-जाने का वेतन पाता हूँ
जब आँख लगे तब सुनना धीरे-धीरे
किस तरह रात-भर बजती हैं जंज़ीरें

□

बाज़ार

'आओ बाज़ार चलें'
उसने कहा
'बाज़ार में क्या है' ?
मैंने पूछा
'बाज़ार में धूल है'
उसने हँसते हुए कहा ।

एक अजीब-सी मिट्टी की चमक
उसके हँसने में थी
जो मुझे अच्छी लगी

मैंने पूछा—'धूल !
'धूल में क्या है' ?
'जनता'—उसने बेहद सादगी से कहा।

मैं कुछ देर स्तब्ध खड़ा रहा
फिर हम दोनों चल पड़े
धूल और जनता की तलाश में
वहाँ पहुँचकर
हमें आश्चर्य हुआ

बाज़ार में न धूल थी
न जनता

दोनों को साफ़ कर दिया गया था

□

आज की धूप में

क्या तुम विश्वास करोगे
कि आज की धूप में
अगली सदी के किसी शनिवार की गर्मी है

कि इस समय
तुम्हारे शहर के सारे पौधे
अपनी खुराक ले रहे हैं
आठवीं सदी की मिट्टी में दबी
किसी हरी खाद से

कि अभी-अभी
तुम्हारे नल से
टपक रहा था जो पानी
वह अड़तीसवीं सदी के
किसी कुएँ से आ रहा था

□

वापसी

आज उस पक्षी को फिर देखा
जिसे पिछले साल देखा था
लगभग इन्हीं दिनों
इसी शहर में

क्या नाम है उसका
खंजन
टिटिहिरी, नीलकंठ
मुझे कुछ भी याद नहीं
मैं कितनी आसानी से भूलता जा रहा हूँ
पक्षियों के नाम
मुझे सोचकर डर लगा

आखिर क्या नाम है उसका
मैं खड़ा-खड़ा सोचता रहा
और सिर खुजलाता रहा
और यह मेरे शहर में
एक छोटे-से पक्षी के लौट आने का विस्फोट था
जो भरी सड़क पर
मुझे देर तक हिलाता रहा

□

झरबेर

प्रचंड धूप में
इतने दिनों बाद
(कितने दिनों बाद?)
मैंने ट्रेन की खिड़की से देखे
कँटीली झाड़ियों पर
पीले-पीले फल

'झरबेर हैं'—मैंने अपनी स्मृति को कुरेदा
और कहीं गहरे
एक बहुत पुराने काँटे ने
फिर मुझे छेदा

□

कलाकार से

चट्टान को तोड़ो
वह सुन्दर हो जायेगी
उसे और तोड़ो
वह और, और सुन्दर होती जायेगी

अब उसे उठाओ
रख लो कंधे पर
ले जाओ किसी शहर या क़स्बे में
डाल दो किसी चौराहे पर
तेज़ धूप में तपने दो उसे

जब बच्चे आयेंगे
उसमें अपने चेहरे तलाश करेंगे

अब उसे फिर से उठाओ
अबकी ले जाओ किसी नदी या समुद्र के क़िनारे
छोड़ दो पानी में
उस पर लिख दो वह नाम
जो तुम्हारे अन्दर गूँज रहा है
वह नाव बन जायेगी

अब उसे फिर से तोड़ो

फिर से उसी जगह खड़ा करो चट्टान को
उसे फिर से उठाओ
डाल दो किसी नींव में
किसी टूटी हुई पुलिया के नीचे
टिका दो उसे
उसे रख दो
किसी थके हुए आदमी के आसपास

अब लौट आओ
तुमने अपना काम पूरा कर लिया है
अगर कंधे दुख रहे हों
कोई बात नहीं
यक़ीन करो कंधों पर
कंधों के दुखने पर यक़ीन करो
यक़ीन करो, यक़ीन करने पर
यक़ीन न करने पर यक़ीन करो
यक़ीन करो
और खोज लाओ
कोई नयी चट्टान

□

पानी एक रोशनी है

इंतजार मत करो
जो कहना हो कह डालो
क्योंकि हो सकता है फिर कहने का
कोई अर्थ न रह जाय

सोचो
जहाँ खड़ो हो, वहीं से सोचो
चाहे राख से ही शुरू करो
मगर सोचो

उस जगह की तलाश व्यर्थ है
जहाँ पहुँचकर यह दुनिया
एक पोस्ते के फूल में बदल जाती है

नदी सो रही है
उसे सोने दो
उसके सोने से
दुनिया के होने का अन्दाज मिलता है
पूछो
चाहे जितनी बार पूछना पड़े
चाहे पूछने में जितनी तकलीफ़ हो

मगर पूछो
पूछो कि गाड़ी अभी कितनी लेट है

अँधेरा बज रहा है
अपनी कविता की किताब रख दो एक तरफ
और सुनो-सुनो
अँधेरे में चल रहे हैं
लाखों-करोड़ों पैर

पानी एक रोशनी है
अँधेरे में यही एक बात है
जो तुम पूरे विश्वास के साथ
दूसरे से कह सकते हो

□

जनहित का काम

वह एक अद्‌भुत दृश्य था

मेह बरसकर खुल चुका था
खेत जुतने को तैयार थे
एक टूटा हुआ हल मेड़ पर पड़ा था
और एक चिड़िया बारबार-बारबार
उसे अपनी चोंच से
उठाने की कोशिश कर रही थी

मैंने देखा
और मैं लौट आया
क्योंकि मुझे लगा, मेरा वहाँ होना
जनहित के उस काम में
दख़ल देना होगा

□

इन्हीं शब्दों में

इन्हीं शब्दों में
कहीं चलते होंगे लोग
कहीं गिरती होगी बर्फ़
कहीं गरदन तक धँसा हुआ बर्फ़ में
खड़ा होगा ईश्वर
कहीं एक छुरा तेज़ किया जा रहा होगा
कहीं एक स्त्री कराह रही होगी
कहीं एक बूढ़े मल्लाह की चिलम से
उठता होगा धुआँ इन्हीं शब्दों में

इन्हीं शब्दों में
कहीं होगा एक शहर
जहाँ वे रहते हैं।
कहीं होगा एक घर
जहाँ मैं नहीं रहता।

□

मध्यवर्गीय साखी

सुबह हुई
और उसने सोचा
दुनिया बदलने से पहले
मुझे बदल डालनी चाहिए अपनी चादर
जो कि मैली हो गयी है

□

बुनने का समय

उठो मरे सोये हुए धागों
उठो
उठो कि दर्ज़ी की मशीन चलने लगी है
उठो कि धोबी पहुँच गया है घाट पर
उठो कि नंग-धड़ंग बच्चे
जा रहे हैं स्कूल
उठो मेरी सुबह के धागों
और मेरी शाम के धागों, उठो

उठो कि ताना कहीं फँस रहा है
उठो कि भरनी में पड़ गयी हैं गाँठ
उठो कि नावों के पाल में
कुछ सूत कम पड़ रहे हैं

उठो
झाड़न में
मोज़ों में
टाट में
दरियों में दबे हुए धागों उठो
उठो कि कहीं कुछ ग़लत हो गया है
उठो कि इस दुनिया का सारा कपड़ा

फिर से बुनना होगा
उठो मेरे टूटे हुए धागों, उठो
और मेरे उलझे हुए धागों, उठो

उठो
कि बुनने का समय हो रहा है

□

कुछ सवाल अपने से

क्या मैं कभी समझ पाऊँगा
बैलगाड़ी और बाज़ार का
धूल-भरा रिश्ता

यह दुनिया
मुझे क्यों अच्छी लगती है
क्या यह जानने का कोई उपाय
है मेरे पास !

मुझे कितना कम मालूम है
धोबियों के पाट
और अपने पड़ोसी के ललाट के बारे में

क्या मैं हवा के हिज्जे
ठीक-ठीक जानता हूँ

क्या मैं रख सकता हूँ
एक टूटा हुआ बाल
कार्य और कारण के बीच में
मुझे किस तरह पता चलेगा
मेरी भूख में
मेरी पीठ का दुखना

शामिल है या नहीं

मैं क्यों
और किस तर्क से हिन्दू हूँ
क्या मैं कभी जान पाऊँगा ?

□

यह अग्निकिरीटी मस्तक

सब चेहरों पर सन्नाटा
हर दिल में गड़ता काँटा
हर घर में गीला आटा
यह क्यों होता है ?

जीने की जो कोशिश है
जीने में यह जो विष है
साँसो में भरी कशिश है
इसका क्या करिये ?

कुछ लोग खेत बोते हैं
कुछ चट्टानें ढोते हैं
कुछ लोग सिर्फ़ होते हैं
इसका क्या मतलब ?

मेरा पथराया कंधा
जो है सदियों से अंधा
जो खोज चुका हर धंधा
क्यों चुप रहता है ?

यह अग्निकिरीटी मस्तक

जो है मेरे कंधों पर
यह ज़िन्दा भारी पत्थर
इसका क्या होगा ?

□

उस आदमी को देखो

उस आदमी को देखो जो सड़क पार कर रहा है
वह कहाँ से आ रहा है
मुझे नहीं मालूम
कहाँ जायेगा
यह बताना कठिन है

पर इतना साफ़ है
वह सड़क के इस तरफ़ खड़ा है
और उस तरफ़ जाना चाहता है
उसका एक पाँव हवा में उठा है
और दूसरा उठने का इंतज़ार कर रहा है

जो उठा है
मैं सुन रहा हूँ, वह दूसरे से कह रहा है
'जल्दी करो, जल्दी करो
यह सड़क है'

और सड़क एक चीज़ है भाइयो
जो हमेशा वहीं पड़ी रहती है
और चूँकि वह हमेशा वहीं पड़ी रहती है
इसलिए हर आदमी को हर बार

नये सिरे से पार करनी पड़ती है अपनी सड़क

तो वह आदमी जो सड़क पार कर रहा है
हो सकता है तीन हज़ार सात सौ सैंतीसवीं बार
पार कर रहा हो फिर वही सड़क
जिसे कल वह फिर पार करेगा
और उसके अगले दिन फिर
और हो सकता है अगले असंख्य वर्षों तक
वह बार-बार उसी को
और सिर्फ़ उसी को पार करता रहे-

देखो-देखो
वह अब भी वहाँ खड़ा है
उत्सुक और नाराज़
और यह मुझे अच्छा लगता लग रहा है-

मुझे आदमी का सड़क पार करना
हमेशा अच्छा लगता है
क्योंकि इस तरह
एक उम्मीद-सी होती है
कि दुनिया जो इस तरफ़ है
शायद उससे कुछ बेहतर हो
सड़क के उस तरफ़

□

ऊँचाई

मैं वहाँ पहुँचा
और डर गया

मेरे शहर के लोगो
यह कितना भयानक है
कि शहर की सारी सीढ़ियाँ मिलकर
जिस महान् ऊँचाई तक जाती हैं
वहाँ कोई नहीं रहता !

□

सम्पादक के नाम पत्र

प्रिय सम्पादक जी
आपने कविता माँगी है
और मेरे शहर में पिछले कई दिनों से गिर रहा है पानी
मूसलाधार पानी
मैं चाहता हूँ कविता से पहले
यह ख़बर आप तक पहुँचे

अब कल ही की बात है
मैं बाहर निकला और समूचा भीग गया
किसी और को बुख़ार था
कोई और खाँसता रहा सारी रात
मेरे आसपास
मेरी छाती में

और पानी अब भी गिर रहा है
एक कौआ इतना खुश है
कि अपने डैनों से बार-बार
पानी को फेंक रहा ऊपर
यह एक रोमांचकारी दृश्य है – सम्पादक जी ।
बारिश किसी चोर दरवाज़े से
घुस आयी है मेरे घर के अन्दर

पानी ने सारे घर में
बना लिये हैं घोंसले
पानी एक तिलिस्म है । सम्पादक जी
क्या मैं इस तिलिस्म को तोड़ सकता हूँ !
क्या मैं ठीक इसी समय
बारिश की ऐसी-तैसी करता हुआ
जा सकता हूँ बाहर !
और लौटकर फिर वहीं आ सकता हूँ
जहाँ से मैंने पहले-पहल देखी थी बारिश !

तीन बजे हैं
पानी अब भी गिर रहा है
मुझे देर हो रही है सम्पादक जी
मुझे अपनी बच्ची के लिए दवा लानी है

अगर मैं नमक का ढेला होता
बारिश को देखता रहता
अपने अन्दर अपने बाहर

पर यह मुमकिन नहीं है सम्पादक जी
मुझे बाज़ार जाना है
और दवा लानी है

बारिश किसकी ज़िम्मेवारी है
मुझे नहीं मालूम
पर मैं चाहता हूँ आज की तारीख़ में
यह दर्ज किया जाए
कि मैंने अभी-अभी
अपने दरवाज़े पर रेंगता हुआ
एक ज़िन्दा और लाल केंचुआ देखा

□

सुई और तागे के बीच में

माँ मेरे अकेलेपन के बारे में सोच रही है
पानी गिर नहीं रहा
पर गिर सकता है किसी भी समय
मुझे बाहर जाना है
और माँ चुप है कि मुझे बाहर जाना है

यह तय है,
मैं जाऊँगा तो माँ को भूल जाऊँगा
जैसे मैं भूल जाऊँगा उसकी कटोरी
उसका गिलास
वह सफ़ेद साड़ी जिसमें काली किनारी है
मैं एकदम भूल जाऊँगा
जिसे इस समूची दुनिया में माँ
और सिर्फ़ मेरी माँ पहनती है

उसके बाद सर्दियाँ आ जायेंगी
और मैंने देखा है कि सर्दियाँ जब भी आती हैं
तो माँ थोड़ा और झुक जाती है
अपनी परछाईं की तरफ़
ऊन के बारे में उसके विचार
बहुत सख़्त हैं

मृत्यु के बारे में बेहद कोमल
पक्षियों के बारे में
वह कभी कुछ नहीं कहती
हालाँकि नींद में
वह खुद एक पक्षी की तरह लगती है

जब वह बहुत ज़्यादा थक जाती है
तो उठा लेती है सुई और तागा
मैंने देखा है कि जब सब सो जाते हैं
तो सुई चलाने वाले उसके हाथ
देर रात तक
समय को धीरे-धीरे सिलते हैं
जैसे वह मेरा फटा हुआ कुर्ता हो

पिछले साठ बरसों से
एक सुई और तागे के बीच
दबी हुई है माँ
हालाँकि वह खुद एक करघा है
जिस पर साठ बरस बुने गये हैं
धीरे-धीरे तह पर तह
खूब मोटे और गझिन और खुरदरे
साठ बरस

□

सामना

जब मैं वहाँ पहुँचा
तो किसी को नहीं याद था आज कौन-सी तारीख़ है
कौन-सी सदी

यह किवाड़ों के
बन्द होने का समय था
और यह समय था जब शहर में
सूखे हुए कपड़े तह किये जाते हैं

हालाँकि नाई की दुकान पर
मुझे समय के बारे में कोई सूचना नहीं मिली

मैंने देर.तक
एक पीली-सी बस का इंतज़ार किया
और जब समय बीत चुका
तो अपने कोट को उतारकर
कंधे पर रख लिया

अब समय मेरी गरदन पर रखा हुआ था
मुझे बिलकुल आश्चर्य नहीं हुआ
जब मेरे दन्तचिकित्सक ने मुझसे कहा

इस समय आदमी की सारी उम्र
इस दाँव पर लगी है कि उसके पास
सब कुछ खत्म हो जाने के बाद भी
थोड़ा-सा मंजन हमेशा बचा रहे

बाहर बारिश हो रही थी
और इस बात के आसार थे
कि शहर किसी भी क्षण
एक मेढक की उछाल में
तब्दील हो सकता है

मैंने उनकी ओर देखा
किनकी ओर
यह नहीं कहा जा सकता
उस धुँधले-से कमरे में
एक काली-सी मेज़ थी
जिसके चारों ओर वे झुके थे

वे बोल रहे थे
या चुप थे
दावे के साथ मैं कुछ नहीं कह सकता
क्योंकि सिर्फ़ उनके जबड़े हिल रहे थे
क्योंकि सिर्फ़ मैं वहाँ खड़ा था
और उनके हिलते हुए जबड़ों को देखकर
यह समझने की कोशिश कर रहा था
कि वह पृथ्वी का कौन-सा अक्षांश है
जहाँ मैं खड़ा हूँ

जहाँ तक मुझे याद है
उस समय मैं
अपने बिस्तरबन्द के बारे में सोच रहा था
बल्कि यह कहना ज्यादा सही होगा

कि एक बिस्तरबन्द को
इतिहास में रख देने से
जो लहरें पैदा होती हैं
उनके बारे में

पर असल में
मैं उस जगह के बारे में सोच रहा था
जहाँ मेरी आत्मा
पिछले कई दिनों से
मेरी रीढ़ की हड्डी से रगड़ खा रही थी ।

□

शीतलहरी में एक बूढ़े आदमी की प्रार्थना

ईश्वर
इस भयानक ठंड में
जहाँ पेड़ के पत्ते तक ठिठुर रहे हैं
मुझे कहाँ मिलेगा वह कोयला
जिस पर इंसानियत का ख़ून गरमाया जाता है
एक ज़िन्दा
लाल
दहकता हुआ कोयला
मेरी अँगीठी के लिए बेहद ज़रूरी
और हमदर्द कोयला
मुझे कहाँ मिलेगा इस ठंड से अकड़े हुए शहर में
जहाँ वह हमेशा छिपाकर रखा जाता है
घर के पिछवाड़े
या गुसलख़ाने की बग़ल में
हथेलियों की रगड़ में दबा रहता है जो
जो इरादों में होता है
जो यकायक सुलग उठता है याददाश्त की हदों पर
पस्ती के दिनों में
मुझे कहाँ मिलेगा वह कोयला
मेरे ईश्वर !

मुझे क्या करना चाहिए इस दिन का
जिसमें कोयला नहीं है
मुझे क्या करना चाहिए इस ठंड का
जो बराबर बढ़ती जा रही है
क्या मैं भी इंतजार करूँ
जैसे सब कर रहे हैं
क्या मैं उठूँ और अपने-आपको बदल लूँ
एक कोयला झोंकने वाले बेलचे में
क्या मैं बाज़ार जाऊँ
और अपनी आत्मा के लिए ख़रीद लूँ
एक अच्छा-सा कनटोप

मेरे ईश्वर !
क्या मेरे लिए इतना भी नहीं कर सकते
कि इस ठंड से अकड़े हुए शहर को बदल दो
एक जलती हुई बोरसी में !

□

सुबह हो रही है, मैंने हवा से कहा

सुबह हो रही है, मैंने हवा से कहा
और मैंने सुना रोशनी मेरे छज्जे पर
पानी की तरह बज रही थी

सुबह-सुबह मैंने एक बूढ़े आदमी को
हँसते हुए देखा
और मैंने कहा
हँसो और ज़िन्दा रहो

मैंने अख़बार वाले से कहा
अख़बार ज़रूरी है
पर उससे भी ज़्यादा ज़रूरी है वह काली कुतिया
जो वहाँ धूप में
अपने तीन बच्चों को दूध पिला रही है

मैंने दूध वाले से कहा
दूध को बचाओ
क्योंकि हो सकता है अगला महायुद्ध
उसी के लिए लड़ा जाय
मैंने कुम्हार से कहा
चाक को नहीं

अपने घड़े को देखो
और देखो-देखो वह किस तरह
तुम्हारे हाथ की लकीरों में ढलता जा रहा है

'नमस्कार' मैंने उस आदमी से कहा
जो मेरी बग़ल से जा रहा था
'नमस्कार' उसने कहा
और भीड़ में ग़ायब हो गया

इस तरह मैंने सबसे
सब-कुछ कहा
सिर्फ़ नहीं कह सका
उसी से वह
जो मुझे कहना था
सिर्फ़ उसी से

□

दन्तकथा

पुरानी हवेली में
आज भी रखी है एक नंगी तलवार
हवेली में कोई नहीं रहता
पुरानी हवेली लोगों की याददाश्त में
जब से है
इसी तरह ख़ाली है
पर लोगों की याददाश्त में
ठीक वहीं पर और उसी तरह रखी है
एक नंगी तलवार

बहुत-सी कहानियाँ हैं
तलवार के बारे में
और लोगों के बारे में
और उसके बारे में जो तलवार और लोगों के बीच
न जाने कब से उलझा पड़ा है

इस बस्ती में शाम होते ही
पीपल के पत्तों

और बाँस के झुरमुट से
उठती हैं कहानियाँ
कहानियाँ मानो जला देती हैं कोई चिराग़
कहीं हवेली के अन्दर
और तलवार की परछाईं
हिलती है दीवार पर

बुज़ुर्ग कहते हैं
युगों पहले की बात है
भादों की एक शाम
धुर पच्छिम से उठते हुए बादल
बादलों में
बिजली-सा काँपता हुआ डर
डर, एक बनैले सूअर-सा
सूँघता हुआ
हर घर और हर छप्पर को
गंगा चढ़ी थी
उधर चढ़ी हुई गंगा के पार खड़ी थीं,
दुश्मन की फ़ौजें
इधर कुसुमपुर गाँव के लोहसाँय में
पीटा जा रहा था लोहा, सुन्दर लोहा
गरम लोहा
बोलता हुआ लोहा

हौले-हौले चलती थी भाथी
धीमे-धीमे जलती थी आग
पर बढ़े लोहार की छाती में
पूरे ज़ोर से धधक रहा था
समूचे गाँव का इकट्ठा कोयला

जितनी बार गिरता था हथौड़ा

उतनी बार
उसके माथे से गिरती थी
एक ज़िन्दा लाल चमकती हुई बूँद
जिसे लोहा पी जाता था

जिसे लोहा पी जाता था
दुश्मन तक पहुँच रही थी
सिर्फ़ उसी की चमक
सिर्फ़ उसी की रोशनी में
लोगों को दिख रहे थे
घर-पेड़-आग और मैदान

रात ढलती जा रही थी
नदी के पार से आ रही थी
दुश्मन के घोड़ों के हिनहिनाने की आवाज़ें
और नदी के इस तरफ़
बूढ़ा लोहार
अपनी अधबनी तलवार पर झुका हुआ
साँसों से खींच रहा था
लोहे के अन्दर की सारी खुशबू
सारा ताप
और तलवार ढलती जा रही थी
अपने-आप

बुज़ुर्ग कहते हैं
इधर तलवार बनकर तैयार हुई
उधर बूढ़े लोहार ने तोड़ दिया दम

फिर लड़ाई हुई
और जमकर हुई

कई दिनों तक हल हेंगा और कुदाल

जहाँ पर पड़े थे
वहीं पर पड़े रहे
कई दिनों तक गंगा में बहता रहा ख़ून
कौए मँडराते रहे ऊपर
और बुज़ुर्ग कहते हैं
जब लड़ाई ख़त्म हुई तो सबने देखा
मैदान बची थी सिर्फ़ एक तलवार
नंगी तलवार, चमचमाती तलवार

अब तलवार हवेली में कैसे आयी
इसका सुराग़ कहीं नहीं मिलता
पुरानी हवेली में बहुत-से छेद हैं
पर किसी से इतनी रोशनी नहीं आती
कि तलवार के बारे में
कुछ ख़ास पता चले
और तलवार है
कि न हिलती है, न डुलती है
न चुप रहती है, न बोलती है
बस दिन-रात हवेली के सबसे अँधेरे कोने में
आतंक-सी पड़ी रहती है

इस बस्ती में पूछो
तो कोई कुछ नहीं कहता
हर आदमी उस तरफ़ इशारा करता है
और चुप हो जाता है

लोगों का ख़याल है
तलवार में रहती है
लोहार की आत्मा

□

जाते हुए आदमी का बयान

सुबह की ठंडी धूप में
मैं अपना मस्तिष्क और एड़ियाँ धो रहा हूँ
जाने से पहले
अभी मुझे बहुत-से काम हैं
अभी मुझे कोयला सुलगाना है
अभी मेरे कपड़े सूख रहे हैं
अभी थोड़ी देर मुझे लोहे की तरह तपना होगा
फिर मैं उतर जाऊँगा
अपने सारे कपड़ों के सबसे हलके
और महीन सूत में
ताकि फिर लौट सकूँ
ठंड और धूल-भरी इसी दुनिया में
जहाँ मेरी एड़ियाँ बराबर घिसती जा रही हैं

सचाई यह है
कि मेरे लिए यह दिन
एक सफ़ेद खड़िया है
जिसे मैं अपने बेटे को देना चाहता हूँ
यह जानते हुए कि वह
इसे तोड़ डालेगा

सचाई यह है कि टूटने की आवाज़
मुझे अच्छी लगती है
मुझे बहुत-सी चीज़ें महज़ इसलिए अच्छी लगती हैं
कि मैं उनके अन्दर सुनता हूँ
एक बहुत मद्धिम-सी टूटने की आवाज़

मैंने पहली बार यह आवाज़
दिल्ली में सुनी थी
और मैं स्वीकार करूँ
दिल्ली मुझे अच्छी लगती है !

और अब जबकि मैंने अपना सामान समेट लिया है
ज़ाहिर है, मैं कोई वादा नहीं कर सकता
सिर्फ़ इतना कहूँगा
कि अगर सब-कुछ ठीक-ठाक रहा
और पृथ्वी इसी तरह घूमती रही
अपनी धूरी पर बदस्तूर
तो एक-न-एक दिन
मैं तुम्हें ज़रूर बताऊँगा
कि दिन की पहल आँच को
समुद्र की आख़िरी मछली तक पहुँचने में
कितना समय लगता है

इस समय
मेरे ललाट पर जो पसीना है
उसमें मेरी मिहनत के अलावा
कुछ और भी ज़रूर है
जो चमक रहा है

हो सकता है वह मेरी थकान हो
हो सकता है कुछ और

वह क्या है
यह मैं तुम पर छोड़ता हूँ
क्योंकि पसीना
मेरा निजी मामला नहीं है

□

सन् 47 को याद करते हुए

तुम्हें नूर मियाँ की याद है केदारनाथ सिंह
गेहुँए नूर मियाँ
ठिगने नूर मियाँ
रामगढ़ बाज़ार से सुर्मा बेचकर
सबसे अन्त में लौटने वाले नूर मियाँ
क्या तुम्हें कुछ भी याद है केदारनाथ सिंह

तुम्हें याद है मदरसा
इमली का पेड़
इमामबाड़ा
तुम्हें याद है शुरू से अख़ीर तक
उन्नीस का पहाड़ा
क्या तुम अपनी भूली हुई स्लेट पर
जोड़-घटाकर
यह निकाल सकते हो
कि एक दिन अचानक तुम्हारी बस्ती को छोड़कर
क्यों चले गये थे नूर मियाँ
क्या तुम्हें पता है
इस समय वे कहाँ हैं
ढाका

या मुल्तान में
क्या तुम बता सकते हो ।
हर साल कितने पत्ते गिरते हैं
पाकिस्तान में

तुम चुप क्यों हो केदारनाथ सिंह
क्या तुम्हारा गणित कमज़ोर है

□

छाता

बीस बरस बाद
छाता लगाये हुए
पडरौना बाज़ार में मुझे दिख गये बंगाली बाबू

बीस बरस बाद मैं चिल्लाया
बंगाली बाबू ! बंगाली बाबू !
कैसे हैं बंगाली बाबू !

वे मुड़े
मुझे देखा
मुस्कुराये
और 'ठीक हूँ' कहते हुए बढ़ गये आगे

मैं समझ न सका
बीस बरस बाद छाता लगाये हुए
कितने सुखी
या दुःखी हैं बंगाली बाबू
देखा बस इतना
कि मेरी आँखों के आगे
चला जा रहा है एक छाता
सोचता हुआ

मुस्कुराता हुआ
ढाढ़स बँधाता हुआ
बोलता-बतियाता हुआ... छाता !

□

भीमबेटका के गुफाचित्रों को देखते हुए

सितम्बर,
उन्नीस सौ उन्नासी
दोपहर
काली चट्टान
चट्टान पर सूरज
सूरज के सामने खड़े हैं
हिन्दी के तीन-चार लेखक-कलाकार

चट्टान से
जंगली भैंसे की गंध आ रही है

किसी अदृश्य झील से
काली चोंच वाली एक बहुत बड़ी चिड़िया की तरह
झपट्टा मारते हुए आते हैं स्वामीनाथन
अम्बादास चुप हैं
नामवर सिंह कुछ कह रहे हैं ।
निर्मल वर्मा से
निर्मल पेड़ों से
पेड़ सूरज से
सूरज झाड़ियों में बैठे हुए टिड्डों से...

पर कहाँ हैं विष्णु खरे
यह कहाँ, कहाँ से आ रही है
विष्णु के हँसने की आवाज़
भीमबेटका में !

नहीं-नहीं
मैं साफ़ सुन रहा हूँ
ये काले चट्टानों पर आदमी के हाथ की
लाल-लाल ज़िन्दा लकीरें हैं
जो हवा में गूँज रही हैं

मैं देख रहा हूँ
सामने की चट्टान पर
एक तीर-सी तनी लकीर
एक जंगली भैंसे का पीछा कर रही है

भागता हुआ भैंसा
घने जंगलों में छिप जाने से पहले
मुड़कर देख लेता है स्वामीनाथन को
अम्बादास भैंसे की आँखें निकाल लेना चाहते हैं
अपनी रंगों की कटोरी में

न कहीं भय है
न आश्वासन
न जाने की यातना
न आने की उम्मीद
न इच्छा
न मृत्यु
सिर्फ़ लाल-लाल ज़िन्दा लकीरें हैं
जिन्हें गुफा में छोड़कर
कोई चला गया है बाहर

और मैं खुद से पूछता हूँ
एक ज़िन्दा हाथ की लकीरों से सुन्दर
क्या होता है पृथ्वी पर ?

□

बुद्ध के बारे में सोचना

सर्दियों की एक रात में
बुद्ध के बारे में सोचते हुए
मुझे लगा, यह करुणा नहीं
अपने कम्बल के बारे में सोचना है
बार-बार कम्बल के बाहर निकलते
और मुड़ते हुए अपने घुटनों के बारे में
अपने पहले प्रेम
और हिमपात के बारे में सोचना है
बुद्ध के बारे में सोचना
हिमपात में बुख़ार के बारे में

पृथ्वी पर
पानी के भविष्य के बारे में सोचना है
बुद्ध के बारे में सोचना...

□

संयोग

मैंने एक दिन सड़क पर
एक आदमी देखा
और मुझे लगा, मैं इसे जानता हूँ

ग़लत—मेरे मन ने कहा
तुम इसे नहीं जानते

जानता हूँ—मैंने कहा
यह वही... वही आदमी है
जो मुझे ट्रेन में मिला था

एकदम ग़लत—मरे मन ने फिर कहा
यह वह नहीं है

है
नहीं है...
मैं देर तक सोचता रहा
कि तभी मुझे दीखा
उसके धूपभरे चेहरे पर वह चिकना-सा द्रव
जो आदमी को पेड़ों से अलग करता है

वही...वही
यह वही आदमी है
मैंने खुद से कहा
और बहुत दिनों बाद
मुझे एक ऐसी खुशी हुई
जिसके बारे में किताबों में
मैंने कहीं कुछ नहीं पढ़ा है

□

घोषणा

और अन्त में
मैं घोषित करता हूँ
कि जो स्वस्थ है,
वह सबसे अधिक बीमार है ।
जो हँसता है
उसे सहानुभूति की ज़रूरत है
जो चल रहा है
वह खड़ा है
जो बोल रहा है
वह कहीं-न-कहीं चुप है

मैं घोषित करता हूँ
कि जो सच है
वह सच नहीं है
जो जानता है
उस तक ख़बर अभी पहुँची ही नहीं
जो हुक्म देता है
वह डरा हुआ है
जो फ़ैसला देता है
उसे पता नहीं

वह गिरफ़्तार है

मैं घोषित करता हूँ
कि इस अघोष युद्ध में
जहाँ बहुत कुछ नष्ट हो चुका है
वहाँ अब भी... अब भी
प्यार है

□□